Snacken geht auch anders

Snacks – sie sind meine Hassliebe und der absolut wunde Punkt in meiner Ernährung. Ihr wisst ja, früher haben sie meine gesamte Ernährung bestimmt und fütterten nicht nur mich, sondern auch mein schlechtes Gewissen. Dann ließ ich sie komplett weg und nun esse ich wieder welche in Maßen. Dank guter Inspiration natürlich jetzt ganz anders als damals. Ich bin eben einfach ein Genussmensch. Und Essen ist für mich definitiv ein Genussmittel.

Drei Mahlzeiten am Tag waren mir auf Dauer zu wenig. Nicht wegen der Menge, sondern wegen der Gemütlichkeit. Essen hat für mich auch immer etwas Gemütliches. Also brauche ich Snacks. Allerdings habe ich beispielsweise den Kuchen und die Kekse am Nachmittag durch gesündere – und dabei gar nicht unbedingt weniger süße – Alternativen ausgetauscht. Auch diese sind total abwechslungsreich und schmecken meist der ganzen Familie. Da wir mit unseren Kindern supergerne Ausflüge machen und diese oft länger als ein paar Stunden dauern, ist es mir bei den Snacks besonders wichtig, dass ich sie gut vorbereiten und transportieren kann. So haben wir immer etwas Leckeres dabei und gönnen uns auch unterwegs kleine, gemütliche Snackpausen. Ich liebe es.

Ich war schon immer eine kleine Naschkatze und werde es bestimmt auch bis ins hohe Alter bleiben. Deshalb bin ich so froh, nun viele Snacks zu kennen, die meine Seele glücklich machen und das schlechte Gewissen trotzdem sehr, sehr klein halten oder erst gar nicht aufkommen lassen. Obwohl ich selbst eher der süße Typ bin bei Zwischenmahlzeiten, sind natürlich auch ein paar herzhafte Snacks dabei. Ich weiß schließlich, dass nicht jeder Mensch auf diesem Planeten genauso gern süß isst wie ich. Und oft macht es auch einfach die besondere Mischung. So bin ich jetzt zum Beispiel ein Fan von dem herzhaften Popcorn mit Chiliflocken oder den veganen Lauch-Spinat-Muffins. Sehen nicht nur cool aus, schmecken auch bombastisch.

Denkt nur bitte daran: Snacks sind wirklich als kleiner Snack gedacht. Sie ersetzen keine Hauptmahlzeit. Sie sind lediglich kleine Zwischenmahlzeiten, die unseren Tag versüßen und die wir deshalb in vollen Zügen genießen sollten – allein oder gemeinsam mit anderen. Und in der Summe sollten sie natürlich in euer Tagesbudget passen. Mir wäre es lieb, wenn ihr diese Snacks wirklich bewusst esst. Also wenn möglich im Sitzen und nicht schnell, schnell im Vorbeigehen. Nehmt euch bewusst Zeit zum Essen und Genießen, habt Freude daran und lasst es euch einfach gut gehen.

Schoko-Erdnuss-Muffins

Zubereitungszeit 15 Min. Garzeit 30 Min. Kühlzeit 20 Min.

3–4

124 kcal | 517 kJ

Für 12 Stück
1 große Banane
2 Eier (Größe M)
2 EL Agavendicksaft
25 g Halbfettmargarine
120 g Magermilchjoghurt
130 g Vollkornmehl
1 EL Kakaopulver
2 TL Backpulver
1 Prise Salz
1 EL ungesalzene Erdnüsse
2 EL Schokodrops
2 EL Erdnussmus

1 Backofen auf 180° C (Gas: Stufe 2, Umluft: 160° C) vorheizen. Banane schälen, in Stücke schneiden, mit Eiern und Agavendicksaft pürieren und mit Margarine und Joghurt verrühren. Mehl, Kakaopulver, Backpulver und Salz mischen und unter die Eimasse rühren.

2 Erdnüsse hacken, mit 1 EL Schokodrops unter den Teig rühren und auf 12 Silikon-Muffinförmchen oder Papiermanschetten verteilen. Muffins im Backofen auf mittlerer Schiene 25–30 Minuten backen und ca. 20 Minuten abkühlen lassen. Muffins mit Erdnussmus bestreichen und mit restlichen Schokodrops bestreuen. Schoko-Erdnuss-Muffins genießen.

Bunte Flammkuchenhäppchen

Zubereitungszeit 15 Min. Garzeit 10 Min.

4

139 kcal | 582 kJ

Für 8 Stücke
1 kleine rote Zwiebel
je 1 kleine gelbe und grüne Paprika
3 braune Champignons
4 Cocktailtomaten
1 Packung Flammkuchenteig (Kühltheke, 280 g)
80 g Kräuterfrischkäse, bis 5 % Fett absolut
Salz, Pfeffer
60 g geriebener Käse, 30 % Fett i. Tr.
1 EL Schnittlauchringe

1 Backofen auf 220° C (Gas: Stufe 4, Umluft: 200° C) vorheizen. Zwiebel schälen und in feine Streifen schneiden. Paprika waschen, entkernen und in feine Streifen schneiden. Champignons trocken abreiben und in Scheiben schneiden. Tomaten waschen und halbieren.

2 Flammkuchenteig entrollen und samt Backpapier auf ein Backblech geben. Mit Kräuterfrischkäse bestreichen, mit Salz und Pfeffer würzen und mit Gemüse belegen. Flammkuchen mit Käse bestreuen und im Backofen auf mittlerer Schiene ca. 12 Minuten backen. Flammkuchen mit Schnittlauch bestreuen, in Stücke schneiden und als Häppchen servieren.

Beerencrumble

Zubereitungszeit 10 Min. Garzeit 30 Min. Kühlzeit 15 Min.

5–7

158 kcal | 662 kJ

Für 6 Personen

400 g Heidelbeeren
250 g Himbeeren
100 g Mehl
50 g brauner Zucker
50 g Halbfettmargarine

1 Backofen auf 180° C (Gas: Stufe 2, Umluft: 160° C) vorheizen. Beeren waschen, trocken tupfen und in einer Auflaufform (ca. 20 x 20 cm) verteilen. 2 EL Mehl mit 1 EL Zucker vermischen und unter die Beeren heben.

2 Restliches Mehl mit restlichem Zucker und Margarine zu Streuseln verkneten, über die Beeren geben und im Backofen auf mittlerer Schiene ca. 30 Minuten backen. Beerencrumble ca. 15 Minuten abkühlen lassen und servieren.

Haselnuss-Ricotta-Tiramisu

Zubereitungszeit 20 Min.   Kühlzeit 4 Std.

8–9

192 kcal | 804 kJ

Für 8 Gläser
1 EL Instant-Kaffeepulver
250 ml heißes Wasser
1 EL Haselnuss-Sirup
12 Löffelbiskuits
45 g Schoko-Haselnuss-Aufstrich
120 g Ricotta
500 g Magermilchjoghurt
100 g Vanillepudding (Kühltheke)
1 TL Vanillepaste
8 WW Haselnuss Schokoladen Sticks
2 TL Kakaopulver

1 Kaffeepulver mit Wasser und Sirup verrühren. 6 Löffelbiskuits in Stücke brechen, in die Kaffeemischung tauchen und auf 8 Gläser (Inhalt ca. 250 ml) verteilen.

2 Für die Creme Schoko-Haselnuss-Aufstrich mit Ricotta, Joghurt, Vanillepudding und Vanillepaste pürieren und die Hälfte auf die Gläser verteilen. Restliche Löffelbiskuits in Stücke brechen, in die Kaffeemischung tauchen und auf der Creme verteilen. Restliche Creme daraufgeben und ca. 4 Stunden kalt stellen.

3 WW Haselnuss Schokoladen Sticks halbieren. Haselnuss-Ricotta-Tiramisu mit Kakaopulver bestäuben, mit Sticks garnieren und servieren.

Cremig-knusprig

Erlebe die knusprigen Haselnuss Schokoladen Sticks – umhüllt von zartschmelzender Milchschokolade und einem Herz aus Haselnusscreme. Erhältlich im WW Studio oder unter wwshop.de.

Herzhaftes Popcorn

Zubereitungszeit 5 Min. Garzeit 10 Min.

1–3

101 kcal | 424 kJ

Für 4 Personen

80 g trockener Popcorn-Mais
1 TL Chiliflocken
1 TL Paprikapulver
Salz, Pfeffer
1 EL Olivenöl

1 Backofen auf 200° C (Gas: Stufe 3, Umluft: 180° C) vorheizen. Popcorn-Mais in einer großen mikrowellenfesten Schüssel mit Deckel bei ca. 800 Watt (bei 600 Watt ca. 10 Minuten) 3–4 Minuten in die Mikrowelle stellen, bis ca. 5 Sekunden zwischen jedem „Pop“ liegen.

2 Chiliflocken, Paprikapulver, Salz und Pfeffer verrühren, mit Popcorn und Öl auf einem mit Backpapier ausgelegten Backblech vermischen und im Backofen auf mittlerer Schiene 3–5 Minuten backen. Guten Appetit!

Wassermelonen-Limetten-Mocktail

Zubereitungszeit 10 Min.

4

93 kcal | 388 kJ

Für 6 Gläser

1 kg Wassermelonenfruchtfleisch
250 ml kaltes Wasser
25 g Zucker
2 unbehandelte Limetten
6 Stängel Minze
18 Eiswürfel

1 Melone würfeln und mit Wasser und Zucker pürieren. Mischung durch ein Sieb streichen. 1/2 Limette auspressen und restliche Limetten in Spalten schneiden. Minze waschen und trocken schütteln.

2 Limettensaft mit Wassermelonenmischung verrühren. Eiswürfel und Limettenspalten auf 6 Gläser (Inhalt ca. 300 ml) verteilen, Wassermelonen-Limetten-Mocktail daraufgießen und mit Minze garnieren. Cheers!

Ananas-Limetten-Mocktail

Für eine leckere Variante des alkoholfreien Cocktails kannst du die Wassermelone einfach durch 1 Ananas (ca. 800 g) ersetzen und das Rezept wie oben beschrieben zubereiten. Der PersonalPoints™ Wert bleibt gleich. Enjoy!

Zucchiniquiche

Zubereitungszeit 15 Min. Garzeit 35 Min.

2–3

121 kcal | 507 kJ

Für 10 Stücke
2 große Zucchini
2 Karotten
1 rote Zwiebel
5 Eier (Größe M)
2 EL Schnittlauchringe
Salz, Pfeffer
150 g Mehl
2 TL Backpulver
40 g geriebener Käse, 30 % Fett i. Tr.

1 Backofen auf 180° C (Gas: Stufe 2, Umluft: 160° C) vorheizen. Zucchini waschen, Karotten schälen und fein raspeln. Zwiebel schälen und fein würfeln. Eier mit Schnittlauch, Salz und Pfeffer verquirlen, mit Gemüse, Mehl und Backpulver vermischen und Käse unterrühren.

2 Masse in eine mit Backpapier ausgelegte Springform (Ø 20 cm) füllen und im Backofen auf mittlerer Schiene ca. 35 Minuten backen. Zucchiniquiche in Stücke schneiden und heiß oder kalt genießen.

Gemüse mit gerösteter Guacamole

Zubereitungszeit 20 Min. Garzeit 15 Min.

1-5

200 kcal | 838 kJ

Für 6 Personen
2 Tomaten
2 große Avocados (à 200 g)
1 kleine rote Zwiebel
1 grüne Chilischote
2 TL Rapsöl
Salz, Pfeffer
6 bunte Mini-Paprika
3 Mini-Gurken
2 Stangen Staudensellerie
1 kleiner Radicchio
1 unbehandelte Limette
2 EL gehackter Koriander
1/2 TL Kreuzkümmel

1 Tomaten waschen, halbieren und entkernen. Avocados halbieren und Steine entfernen. Zwiebel schälen und in Ringe schneiden. Chilischote waschen und halbieren. Öl in einer Grillpfanne auf mittlerer bis hoher Stufe erhitzen, Tomaten mit Avocadoschnittflächen darin ca. 3 Minuten grillen, herausnehmen und mit Salz und Pfeffer würzen. Zwiebeln und Chili im Bratensatz 3–5 Minuten von jeder Seite grillen.

2 Paprika waschen, entkernen und halbieren. Gurken waschen und in Stifte schneiden. Sellerie waschen und in Stücke schneiden. Radicchio waschen, trocken schleudern und in Blätter zerteilen. 1/2 TL Limettenschale abreiben und Limette auspressen.

3 Avocadofruchtfleisch aus der Schale lösen und mit einer Gabel zerdrücken. Tomaten und Zwiebeln hacken, mit Avocado, Koriander, Limettenschale, -saft und Kreuzkümmel verrühren und mit Salz und Pfeffer abschmecken. Gemüse mit gerösteter Guacamole servieren.

Frozen Schoko-Joghurt-Obstspieße

Zubereitungszeit 15 Min. Garzeit 5 Min. Gefrierzeit 30 Min.

2–3

81 kcal | 337 kJ

Für 6 Stück
60 g Heidelbeeren
200 g Erdbeeren
2 Kiwis
1 Banane
60 g Magermilchjoghurt
35 g Zartbitter-Schokolade

1 Beeren waschen, trocken tupfen und Erdbeeren gegebenenfalls halbieren. Kiwis schälen, längs halbieren und in Scheiben schneiden. Banane schälen und in Scheiben schneiden.

2 Obst abwechselnd auf 6 Spieße stecken, auf ein Stück Backpapier legen, mit Joghurt beträufeln und ca. 30 Minuten gefrieren lassen.

3 Schokolade in einem warmen Wasserbad schmelzen und Spieße damit in Fäden garnieren. Schoko-Joghurt-Obstspieße kalt genießen.

Bananen-Nice-Cream mit Schokodrops

Zubereitungszeit 10 Min. Garzeit 5 Min. Gefrierzeit 3 Std.

3–6

164 kcal | 688 kJ

Für 4 Personen
4 reife Bananen
2 EL Mandelblättchen
1 TL Vanilleextrakt
30 g Zartbitter-Schokodrops

1 Bananen schälen, in dicke Scheiben schneiden, in einen Gefrierbeutel geben und ca. 3 Stunden gefrieren lassen.

2 Mandelblättchen fettfrei in einer Pfanne auf mittlerer Stufe 2–3 Minuten rösten. Bananen mit Vanilleextrakt pürieren und Schokodrops unterrühren. Bananen-Nice-Cream auf 4 Schalen verteilen, mit Mandelblättchen bestreuen und genießen.

So Nice-Cream

Nice-Cream, also gefrorene, pürierte Bananen, ist eine tolle und gesunde Eis-Variante für Kinder. Die Schokodrops könnt ihr weglassen oder sie durch Vollmilch-Schokodrops ersetzen.

Vegane Lauch-Spinat-Muffins

Zubereitungszeit 25 Min. Garzeit 25 Min. Kühlzeit 30 Min.

2

86 kcal | 359 kJ

Für 12 Stück
1 Bund Petersilie
1 EL Rapsöl
4 EL Mineralwasser
150 g Weizenvollkornmehl
1 TL Backpulver
65 g vegane Halbfettmargarine
Salz, Pfeffer
1 kleine Stange Lauch
1 kleine grüne Paprika
100 g Baby-Blattspinat
200 g Seidentofu
1/2 TL geriebene Muskatnuss

1 Petersilie waschen, trocken schütteln, grob hacken und mit Öl und 1 EL Wasser pürieren. Mehl mit Backpulver, 60 g Margarine, Petersilie, restlichem Wasser und 1 TL Salz zu einem glatten Teig verkneten. Teig in Frischhaltefolie wickeln und ca. 15 Minuten kalt stellen.

2 Lauch waschen und in feine Ringe schneiden. Paprika waschen, entkernen und fein würfeln. Für den Guss Spinat waschen, trocken schleudern, mit Seidentofu pürieren und mit Salz, Pfeffer und Muskatnuss würzen. Backofen auf 180° C (Gas: Stufe 2, Umluft: 160° C) vorheizen.

3 Teig zwischen Frischhaltefolie ausrollen und 12 Kreise ausstechen. 12 Mulden eines Muffinblechs mit restlicher Margarine fetten, mit Teig auskleiden und dabei einen ca. 2 cm hohen Rand formen. Lauch und Paprika in die Mulden füllen, Guss darübergeben und Muffins im Backofen auf mittlerer Schiene ca. 25 Minuten backen. Lauch-Spinat-Muffins ca. 15 Minuten abkühlen lassen und servieren.

Schnelle Apfel-Erdnuss-Ringe

Zubereitungszeit 10 Min.

2

76 kcal | 316 kJ

Für 6 Stück

1 großer süßlicher Apfel (z. B. Gala)
1 EL gesalzene Erdnüsse
3 EL Haferdrink
2 EL Erdnussmus
2 Stängel Minze
1 EL Granatapfelkerne

1 Apfel waschen, das Kerngehäuse ausstechen und Apfel in 6 Ringe schneiden. Erdnüsse hacken. Haferdrink mit Erdnussmus glatt rühren, Apfelringe damit bestreichen und mit Erdnüssen bestreuen.

2 Minze waschen, trocken schütteln und Blätter abzupfen. Apfel-Erdnuss-Ringe mit Granatapfelkernen und Minze garnieren. Enjoy!

Jetzt Video zu Küchentipp entdecken:
Granatapfelkerne einfach herauslösen

Mokka Trifle

Zubereitungszeit 15 Min.

6–7

162 kcal | 680 kJ

Für 4 Gläser
8 Butterkekse
60 ml Espresso
1 TL Kakaopulver
60 g Schlagsahne, 30 % Fett
1 Päckchen Vanillezucker
250 g Magerquark
1 EL Zartbitter-Raspelschokolade

1 Butterkekse in einen Gefrierbeutel geben, mit einem Nudelholz grob zerkleinern und auf 4 Gläser (Inhalt ca. 150 ml) verteilen. Espresso mit Kakaopulver verrühren und auf die Butterkekse träufeln.

2 Sahne mit Vanillezucker steif schlagen und mit Quark verrühren. Quark-Sahne-Mischung auf die Gläser verteilen und mit Raspelschokolade garnieren. Mokka Trifle kalt stellen oder sofort genießen.

Erdbeer-Eisbecher

Zubereitungszeit 15 Min.

6–8

157 kcal | 657 kJ

Für 4 Personen

400 g Erdbeeren
200 g Magermilchjoghurt
40 g Baiser
4 Kugeln Vanilleeis (à 30 g)

1 Erdbeeren waschen, trocken tupfen und 150 g pürieren. 100 g Erdbeerpüree mit Joghurt verrühren. Restliche Erdbeeren vierteln. Baiser grob zerbröseln.

2 Erdbeerjoghurt auf 4 Eisbecher verteilen, Baiser, Erdbeerviertel und Vanilleeis daraufgeben und mit restlichem Erdbeerpüree garnieren. Guten Appetit!

Gemüse-Schafskäse-Spieße

Zubereitungszeit 20 Min. Garzeit 10 Min.

4

127 kcal | 523 kJ

Für 6 Stück
1 kleine Zucchini
1 kleine gelbe Paprika
12 Cocktailtomaten
1 EL Olivenöl
1 EL dunkler Balsamicoessig
1 TL getrockneter Oregano
1/2 TL geräuchertes Paprikapulver
1 TL brauner Zucker
Salz, Pfeffer
150 g Schafskäse, 25 % Fett i. Tr.
40 g Aioli (Fertigprodukt)
4 Blätter Basilikum

1 Backofen auf 180° C (Gas: Stufe 2, Umluft: 160° C) vorheizen. Zucchini waschen und in Stücke schneiden. Paprika waschen, entkernen und in Stücke schneiden. Tomaten waschen.

2 Für die Marinade Öl, Essig, Oregano, Paprikapulver, Zucker, Salz und Pfeffer verrühren und mit Gemüse vermischen. Schafskäse in 12 Würfel schneiden und mit Gemüse abwechselnd auf 6 Holzspieße stecken.

3 Spieße auf ein mit Backpapier ausgelegtes Backblech geben und im Backofen auf mittlerer Schiene ca. 10 Minuten garen. Gemüse-Schafskäse-Spieße mit Aioli und Basilikum bestreut servieren.

Mini-Kirsch-Cakes mit Marzipan

Zubereitungszeit 20 Min. Garzeit 20 Min.

1

44 kcal | 183 kJ

Für 32 Stück
50 g Marzipan
60 g Halbfettmargarine
170 g Dinkelmehl
1 TL Backpulver
2 Eier (Größe M)
100 ml fettarme Milch
180 g Kirschen (TK)
1 TL Kakaopulver

1 Backofen auf 180° C (Gas: Stufe 2, Umluft: 160° C) vorheizen. Marzipan raspeln und mit Margarine, Mehl, Backpulver, Eiern und Milch zu einem glatten Teig verrühren.

2 Teig auf 32 Mini-Papiermanschetten verteilen, Kirschen daraufgeben und Cakes im Backofen auf mittlerer Schiene 15–20 Minuten backen. Mini-Kirsch-Cakes mit Kakaopulver bestäuben und genießen.

Profitipps

Fülle nicht zu viel Teig in die Papiermanschetten, sonst laufen sie beim Backen über. Damit die Cakes besser in Form bleiben, kannst du die Papiermanschetten in die Mulden einer Mini-Muffinform legen.

Schafskäse-Kräuter-Muffins

Zubereitungszeit 15 Min. Garzeit 25 Min. Kühlzeit 5 Min.

4-5

177 kcal | 741 kJ

Für 8 Stück

200 g Mehl
1 Päckchen Backpulver
Salz, Pfeffer
2 Eier (Größe M)
150 g Magermilchjoghurt
2 EL Olivenöl
130 ml fettarme Milch
80 g Schafskäse, 25 % Fett i. Tr.
3 EL gehackte Petersilie
1 TL gehackter Thymian

1 Backofen auf 180° C (Gas: Stufe 2, Umluft: 160° C) vorheizen. Mehl mit Backpulver und 1/2 TL Salz verrühren. Eier verquirlen und mit Joghurt, Öl und Milch verrühren. Eiermischung zur Mehlmischung geben und zu einem glatten Teig verrühren.

2 60 g Schafskäse zerbröseln und mit Petersilie, Thymian und 1 Prise Pfeffer unter den Teig heben. Teig auf 8 WW Silikon-Muffinförmchen verteilen, restlichen Schafskäse darüberbröseln und Muffins im Backofen auf mittlerer Schiene ca. 25 Minuten backen. Schafskäse-Kräuter-Muffins ca. 5 Minuten abkühlen lassen und servieren.

Super praktisch!

Die kleinen Muffinförmchen sind wiederverwendbar und aus Silikon. Du kannst sie übrigens auch als Tartelettes verwenden. Erhältlich im WW Studio oder unter wwshop.de.

Melonen-Basilikum-Sorbet am Stiel

Zubereitungszeit 15 Min. Garzeit 5 Min. Kühlzeit 5 Min. Gefrierzeit 4 Std.

1–2

44 kcal | 185 kJ

Für 8 Stück

20 g Basilikum
120 ml Wasser
30 g Zucker
350 g Honigmelonenfruchtfleisch
1 Limette

1 Basilikum waschen, trocken schütteln und fein hacken. Wasser mit Zucker und Basilikum in einem Topf auf hoher Stufe aufkochen und auf niedriger Stufe ca. 5 Minuten köcheln lassen. Sirup vom Herd nehmen und ca. 5 Minuten abkühlen lassen.

2 Melone würfeln. Limette auspressen. Melone pürieren, Sirup und Limettensaft dazugeben und kurz mitpürieren. Masse in 8 Eisformen (à ca. 55 ml) füllen. Melonen-Basilikum-Sorbet mindestens 4 Stunden gefrieren lassen und genießen.

Willkommen zum neuen **PersonalPoints™** Programm

Es ist dein Weg und du bestimmst die Richtung. Kein Plan gleicht dem anderen. Bei WW erhältst du einen personalisierten Plan, der dein Lieblingsessen, deine Ziele und deinen Stoffwechsel berücksichtigt. So kannst du abnehmen, ohne auf einen einzigen Genussmoment deines Lebens zu verzichten.

Ein Plan von dir für dich

Du sagst uns, was du gerne isst und wann und wie du dich am liebsten bewegst. Und wir erstellen dir einen individuellen Ernährungs- und Bewegungsplan.

Aktualisierte Punkteformel

Du wirst zu Lebensmitteln mit einem höheren Anteil an gesunden Fetten, Ballaststoffen sowie Eiweiß und einem geringeren Anteil an zugesetztem Zucker und gesättigten Fettsäuren geführt.

Bei diesem Programm kannst du dich satt essen

Kein Hungern – dank der ZeroPoint® Lebensmittel, die du nicht tracken musst, und der Möglichkeit, dein Budget aufzustocken.

Sina Peters, WW Expertin für Programm und Wissenschaft

„ZeroPoint Lebensmittel sind Lebensmittel, die du gern und häufig isst. Die Möglichkeit, das zu essen, was man liebt, ist einer der Gründe, warum dieses Programm so alltagstauglich ist!“

3 einfache Wege, dein Budget aufzustocken

Dein PersonalPoints Budget ist individuell auf deine Ziele abgestimmt und du entscheidest, für welche Lebensmittel du es einsetzt. Zum allerersten Mal bietet WW dir mit dem neuen Programm jetzt auch die Möglichkeit, zusätzliche PersonalPoints für dein Budget zu sammeln:

Iss Gemüse!

1 Handvoll Gemüse = 1 PersonalPoint für dein Tagesbudget (unbegrenzt). Gemüse enthält viele Ballaststoffe. Sie helfen dir dabei, länger satt zu bleiben.

Trinke Wasser!

1,75 l Wasser pro Tag = 1 PersonalPoint für dein Tagesbudget (max. 1 pro Tag). Je mehr Wasser du trinkst, desto weniger greifst du zu Saft oder Limonade.

Bleibe aktiv!

Mehr Bewegung = mehr PersonalPoints für dein wöchentliches Budget (unbegrenzt). Wie viele Punkte du verdienst, hängt von der Aktivität sowie von deinem Alter, deiner Größe, deinem Geschlecht und deinem Gewicht ab.

Im neuen PersonalPoints Programm erhält jeder eine individuelle Liste mit ZeroPoint Lebensmitteln, welche die ganz persönlichen Vorlieben berücksichtigt.

Daher kann der PersonalPoints Wert eines Rezeptes von Person zu Person variieren. Je nachdem, welche ZeroPoint Lebensmittel auf deiner Liste stehen, liegt dein PersonalPoints Wert innerhalb des ausgewiesenen Rahmens.

Minimaler PersonalPoints Wert ← **4–7** → **Maximaler PersonalPoints Wert**

Dein exakter PersonalPoints Wert wird dir in der WW App angezeigt, indem du den QR-Code auf der Rezeptseite scannst. So kannst du deine Mahlzeiten also auch direkt tracken!

Frühstücks-Apfel-Kuchen

Zubereitungszeit 15 Min. Garzeit 55 Min. Kühlzeit 30 Min.

1-3

117 kcal | 488 kJ

Die WW Gesunde Küche
Die WW Kochbücher sind für alle geeignet – egal, ob du WW Mitglied bist oder dich einfach ausgewogen ernähren und einen gesunden Lifestyle etablieren möchtest. Genau hierbei helfen dir unsere leckeren Rezepte, die ganz leicht nachzukochen sind.

Infos zum Scannen & Tracken der Rezepte erhältst du auf der Umschlaginnenseite.
Mehr zu unserem ganzheitlichen PersonalPoints Programm erfährst du unter ww.com.

Register nach Alphabet

Register nach Zutaten und Stichworten

Asiatisch

Brot, Pita, Wraps & Co.

Eier

Geflügel, Fisch & Meeresfrüchte

Glutenfrei

Hülsenfrüchte

Käse & Schafskäse

Kartoffeln & Süßkartoffeln

Kürbis

Mais

Mexikanisch

Müsli & Porridge

Nudeln

Nüsse & Kerne

Register nach Zutaten und Stichworten

Obst

Ofengerichte

Pilze

Reis

Spinat

Suppen & Curries

Vegan

Vegetarisch

vegetarisch vegan

glutenfrei laktosefrei nussfrei

Die Kennzeichnung wie zum Beispiel „gluten-“, „laktose-“ oder „nussfrei“ bei den Rezepten ist rein informativ und nicht verbindlich. Es liegt in der persönlichen Verantwortung zu prüfen, ob die verwendeten Lebensmittel die Anforderungen erfüllen.

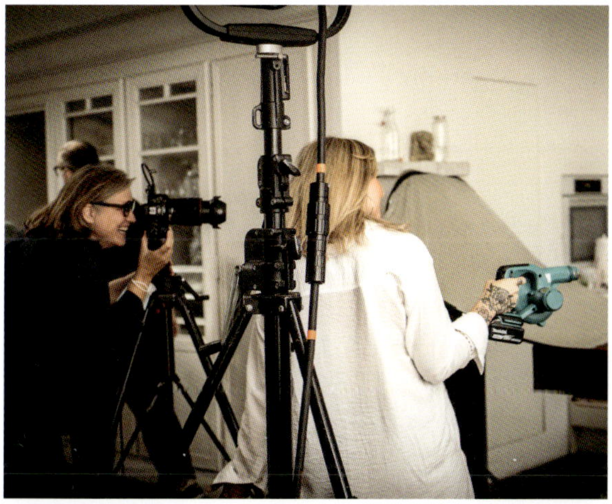

Danke

Vielen Dank, WW, für die tolle Zusammenarbeit. Es hat mir großen Spaß gemacht, besonders das Fotoshooting. Ihr habt ein super Team auf die Beine gestellt und es mir somit sehr leicht gemacht. Ich bin überzeugt davon, dass WW und Hullern eine sehr gute Kombination ergeben – nicht nur, um schlank zu werden, sondern auch für das allgemeine Wohlbefinden und die eigene Zufriedenheit.
Zum Schluss danke ich natürlich meinem eigenen Team und ganz besonders Lin und meinem Mann Matthias, der mir immer den Rücken freigehalten hat und mich bedingungslos unterstützt.

Eure Elli

Wollt ihr WW und mir folgen?

Website *ww.com*
elli-hoop.de

Instagram *ww_deutschland*
elli_hoop

Facebook *WW Deutschland*
Der Elli Hoop Shop

Impressum

Herausgeber & Redaktion
WW (Deutschland) GmbH
Claudia Braun, Valerie Altmann-Gamairi

Rezeptideen & Texte
Elli Hoop

Rezeptentwicklung & Realisierung
Geschmackswerk UG
Nathalie Döscher, Silke Höpker

Rezeptfotografie & Styling
Carsten Eichner, Meike Graf

Foodstyling
Marion Swoboda, Thorsten Hülsmann

Fotos, Titelbild & Stills
Tania Walck

Fotoassistenz
Christian Breevaart

Bildnachweise
WW International

Styling
Anja Müller

Haare & Make Up
Julia Heiermann

Gestaltungskonzept & Grafik
Geschmackswerk UG, Petra Penker

Druck
paffrath print & medien GmbH

WW (Deutschland) GmbH
ww.com
Info-Hotline 0211-36874236
SKU: 402427
ISBN: 978-3-9822975-3-8

Wir freuen uns auf deine Bewertung dieses Kochbuchs unter: wwshop.de oder schicke uns eine E-Mail an leserservice@ww.com

1. Auflage 2021